POESIE 21
wird herausgegeben von
Anton G. Leitner

W0188586

Für Jakob, Ludwig, Quirin und Xaver

Der Boden unter den Füßen trägt nicht mehr ganz so wie gewohnt. »Die Gräben werden länger / und tiefer«, man begegnet einander »mit einem eiskalten Messer« und findet sich wieder mit dem »Stein in der Hand« und der Frage im Herzen: »Wie lange noch / kann ich abbuchen / von meinem Zeitkonto?«
Der neue Band des Lyrikers Andreas Wieland-Freund schlägt einen nachdenklichen Ton an. Themen wie Endlichkeit und die Fragilität der Existenz werden ebenso in Lyrik gefasst wie Beobachtungen zum Zustand von Gesellschaft und Kultur. In einer klaren, schnörkellosen Sprache bezieht Andreas Wieland-Freund Position auf und zwischen seinen Zeilen, »Raum fordernd« und auf der Suche nach dem gewissen »Etwas, das anfängt die Herzen / zu bleichen«. Poesie mit Power!

Andreas Wieland-Freund wurde 1955 geboren und lebt in Ingolstadt. Er veröffentlichte in zahlreichen Anthologien und Zeitschriften, u.a. in DAS GEDICHT. 2021 erschien sein lyrischer Debütband »Abseits vom Lärm der Straße« im chiliverlag. 2022 folgte »Als die Uhren den Gleichschritt aufnahmen« in der Reihe POESIE 21. »Ein Eiskratzer ist dein Lachen« ist sein dritter Gedichtband.

Andreas Wieland-Freund

Ein Eiskratzer ist dein Lachen

Gedichte

POESIE 21

Verlag Steinmeier, Deiningen

Poesie 21 präsentiert bemerkenswerte zeitgenössische
Gedichtbände und lyrische Debüts in deutscher Sprache.
Alle Titel der Reihe werden von
»DAS GEDICHT Lektorats-Service« (www.DasGedicht.de)
sorgfältig lektoriert und komponiert.

Poesie 21 / Band 117
im Verlag Steinmeier GmbH & Co. KG, Deiningen 2024
www.Poesie21.de
© 2024 Andreas Wieland-Freund
Lektorat: DAS GEDICHT Lektorats-Service, Sabine Zaplin
Gesetzt in Adobe Garamond
Gesamtherstellung:
Druckerei & Verlag Steinmeier GmbH & Co. KG, Deiningen
Printed in Germany
ISBN 978-3-910597-06-8

I.

SEGELN
IM HIMMEL

TAUWETTER

Ein Eiskratzer
ist dein Lachen
über meinen kalten Blick.

Deine freundlichen Worte
erhöhen die Temperaturen.

Die Eisblumen tropfen.

Ende Mai
und ich hole mir einen Schnupfen.

WUNSCHLOS MÜDE

Du drehst dich gleich,
auf deine Seite.

Dich lockt nicht mehr
das Spiel der Glieder.

Es spaßt nicht mehr.
Nicht Nähe, noch Verkehr.

Der Schlaf soll kommen.
Und sonst niemand mehr.

DAS SCHÖNE GEFÜHL

Halt deine Zunge im Zaum.
Hör auf mit dem Gefasel von
der Auferstehung des Fleisches.
Richte deinen Mast wo
anders auf und lass mich ·   .
in Ruhe

lesen.
Ich will nichts mehr aus
tauschen mit dir. Keinen Blick
und schon gar keine Küsse. Will
dem schönen Gefühl nur
in Worten begegnen. Und
nur auf dem Papier.

ERHOLUNG MIT SEEGANG

Zieh die Kapuze zu. Eng
lässt der Wind uns zusammen
rücken.

Der Bug hebt sich
und senkt sich
und hebt sich und

Brecher lassen
uns aufschreien,
laut loslachen.

Für eine Meile Zeit
vergessen wir, was uns
sonst beschäftigt.

Da sind nur noch wir
und die nächste Welle,
die mit breiten Schultern

das Schiff
anrempelt.

KRÄHEN

Sie kennen uns, unsere
Schlachtfelder, Galgenberge.

Schreiten Sargträgern gleich
übers leere Feld. Ihr Krächzen

verstimmt mich.
Weckt auf die böse Frage:

Wie lange noch
kann ich abbuchen

von meinem Zeitkonto?

DER AUFSTAND DER FÜSSE

Gleich beim Aufstehen
zieht es meine Füße

hinaus auf die Straße. Sie
kennen keine Geduld,

wollen nicht warten,
bis ich meinen Hafer hatte.

Ich lass ihnen ihren Willen,
lasse sie in die Schuh.

Spaziergänge mildern
die Last der Gedanken

und das Temperament
meiner kleinen Zehen.

Der Nebel will nicht mehr gehen

Der Wind
fegt die Küste.

Die Brandung
dreht den Bass auf.

Am Strand
nichts als Sand.

Das Wasser
längst zu kalt.

Dort möchte ich
jetzt gehen

und nicht im Nebel
an der Donau.

WOLKEN

Tonnenschwer sein
und federleicht scheinen.
Weiße Schiffe im blauen Meer.

Von hier aus wäre
segeln im Himmel
gar nicht schwer.

REGEN

Neidisch
belausche ich ihn,
dem der Faden
nicht reißt.

GEH!

Zu Gott,
am Stock,
vor Gericht.
Aber geh!

Auf eine Kreuzfahrt.
Einen Kreuzzug.
Einer Spur nach,
deiner Nase. Geh!

uns auf die Nerven,
aufs Gemüt,
unter die Haut.
Oder geh

runter von der Bühne.

VERTRAUEN

begrenzt in die
Haltbarkeit des Friedens.

Jedoch grenzenlos
in alle, die in den verborgenen
Tiefen der Ozeane patrouillieren und

jeden vernichten, der als
erster auf den Knopf drückt.

KAISERSCHNITT

Auch so eine Technik,
die immer
häufiger
Anwendung findet.

Die Geburt
wird planbarer,
kommt unserem
Leben entgegen.

Nur ist
das Leben
nicht so, dass es
leichter wird.

KOPFSCHMERZEN

Wieder höre ich die Hummel.
Im Sommer flog sie mit dem Kopf ein
ums andere Mal gegen die Fensterscheibe.

Bei ihr hat es genügt,
eine Zeitung zu falten
und das Fenster

einen Spalt weit zu öffnen.

FÜR G.

So zärtlich
mit dir,
Arm in Arm:
Zwei
Sexbomben,
die nicht mehr
Gefahr laufen
im Bett

zu explodieren.

II.

Einen ganzen langen Winter

DAS HIMMLISCHE KIND

Zum Fasching
geht das himmlische Kind
mit einem eiskalten
Messer umher und
schneidet jedem ein
Grinsen ins Gesicht.

SCHLECHTER START

Es gelingt nicht mehr,
das Einfädeln
mit leichter Hand.

Ich bin das Kamel
und der Morgen
das Nadelöhr.

SCHLAFLOS

Ich wollte Kraft
schöpfen aus
dem Brunnen
des Schlafes.

Doch ich falle
nur noch hinein.
Schlage auf.

Und liege wach.

KLEINER STÖRFALL

für Frank, den Fotografen

Wo die Alten
ihr Gemüse anbauten
wächst in diesem Jahr

das Haus.
In Sichtweite ein
Atomkraftwerk.

An dem Nachbarn
stört sich
sonst keiner.

Ich lege
den Geigerzähler
nicht aus der Hand.

Der Kühlturm
zelebriert eine
schöne weiße Wolke –

als wollte er mir zeigen,
was für ein Schwarzmaler
ich bin.

DER STEIN IN DER HAND

Der auf sein Display schaut
und schnell an mir vorüber
läuft. Der fürchtet, dass sie
ihn fertig machen. Der nur
mitläuft. Dem
schon beim Möbelrücken
die Lust vergangen ist am
Anecken. Der
wird seine Wut an
Schwächeren auslassen.
Hinter seinem Lächeln
lauert der Hass. Der wird
Kreide fressen, Kröten
schlucken, mit den
Schultern zucken.
Der hält im Schlaf den
Stein in der Hand,
den er nie warf.

Indien-Express

Die Wiesn war in vollem Gange.
Die Bayern hatten ein Heimspiel und
die Kaufhäuser zündeten ihre
Feuerwerke: Ein Angebot
überstrahlte das andere.

Der Lokführer weigerte sich
loszufahren und forderte
die Türen frei zu machen.
Wir blieben im Hauptbahnhof.

Es dauerte – es dauerte – es dauerte.

Bis die Polizei anrückte.
Die Doppelstockwaggons
schaukelten leicht beim Rausfahren.
Und das waren nicht die Bayern-Fans.

Sitzende konnten nicht aufstehen.
Stehende nicht aussteigen.
Fremde klebten zusammen.
Handys kreisten.
Atemnot im Nahverkehr.

Bis Dachau war ich in Indien.
Zum Glück musste ich erst
hinter Pfaffenhofen und
meine Blase gar nicht.

DAS GEWEHR IM ANSCHLAG

Ich kann sie schon spüren.
In den Knochen,
in den Nerven.

Bald kommen sie wieder
und durchsieben alles.
Das armselige Blech.

Sie können uns in Stücke
reißen. Uns die Hände,
Füße abtrennen.

Herumschwirrende
Äxte, die uns
köpfen. Splitter, die uns
aufspießen.

Bald kommen sie wieder.
Ich will mich klein machen,
kleiner als ein Sandkorn.
In Rauch auflösen.

Ich liege bereit,
das Gewehr im Anschlag.

Invalide

Ich bin den Weg
vom Bahnhof gelaufen.

Meine Lieben habe ich fest
in die Arme genommen.

Sie können nicht sehen, dass
ich als Invalide wiederkomme.

Die Ruhe lässt mich nicht schlafen.
Mein Zuhause kann ich

nirgendwo finden.

ROCHADE

Überall ist es still
und dunkel.
Überall –

nur nicht in meinem Kopf.

Bis der Wecker klingelt:
Schach matt!
Schach matt!

Erst jetzt wird es still
in meinem Kopf.
Und schwarz.

Aufwachen möchte ich
in Weiß und
ausschlafen

einen ganzen langen Winter.

KEINE GEFAHR

Ich wache auf und
erstarre. Doch schnell
ist klar: Es ist
bloß das Radio.

Der mir nichts mehr
befehlen kann,
brüllt sich mit Inbrunst
in Rage. Er will
endlich Vergeltung
für die erlittene Schmach.

Seine Wut nimmt kein Ende.
Unterbrochen wird er von
stürmischem Beifall.

Der ist furchteinflößend.

SPRACHLOS

Land und Leute
habe ich verlassen.

Ohne Lied
und ohne Gitarre.

Sie aber
wünscht mir nur
alles Gute.

Und ich bin sprachlos
nichts berichten und
nichts berichtigen zu müssen.

TAGEBUCHEINTRAG

Sie sind keine Abgesandten des Himmels.
Nur wir hielten sie für Engel, weil sie uns
vom Dreck und von der Arbeit befreiten.
Wir öffneten ihnen die Türen, ließen sie
in unsere Zimmer, an unsere Schränke,
unterwiesen sie in unseren Gepflogenheiten.
Wir dachten, nun kommen goldene Jahre.
Es ist dann anders gekommen.
Aber wir werden von ihnen gut behandelt.
Sie sprechen uns Mut zu, wenn wir verzagen.

ETWAS

Nach dem Abzug der Betroffenheit
der Einfall der Stille.

Und mit ihr etwas, leicht wie Asche.
Etwas, das anfängt die Herzen

zu bleichen.

Im Haus Gottes

Ich
weiß nicht,
warum ich dich besuche.

Da sitze ich
in den leeren Reihen
und atme die Stille.

Spüre den Funken.

Doch der zündet nicht.

III.

ALLEIN
MIT DEN WELLEN

EIN SCHALK

hat seinen Spaß
am Worte verdreschen,
Begriffe und
Hülsen knacken.
Ausgepowert
und zufrieden
löscht er das Licht,
legt sich zur Ruh.
Bis in seine Träume
hört er sich Zei-
len brechen.

SAMSAS SORGEN

Der Buchhalter will
schnell wieder auf
die Beine kommen.

Vielleicht
schafft er noch
den nächsten Zug.

Der Chinin-Panzer
krümmt seinen
Rücken.

Auf dem Bauch
zeigen sich große
weiße Tupfer.

Ungeduldig klopft
es gegen seine
Tür.

Er muss sie beruhigen.
Nichts soll seine
Stellung gefährden.

LESUNG

Nein, du
täuschst dich nicht:
Die Stimmung ist gekippt,
nach dem ersten Gedicht.

Sie haben dich ausgelesen.

Ihre Sympathie
schwindet wie Luft
aus einem Ballon.
Nur leiser
und schneller.

Du sprichst weiter, in
die wachsende Leere
hinein. Nimmst freundlich
den Beifall entgegen,
der dich
wegklatscht,
zumindest
schnell verabschiedet.

MEINE STIMME

gefällt mir nicht,
wie sie da
aus dem Lautsprecher
kommt.

Ich hätte gern
eine wärmere,
kräftigere,
nicht so dünne,
trockene, irgendwie
im Hals
verlorene Stimme,

die beim Sprechen
strauchelt.

Nach Platon ist
die Stimme doch
der Spiegel der Seele.

MEIN LUFTSCHIFF

Ich wollte einen Riesen
zum Fliegen bringen.

Doch der Satzbau
bleibt liegen. Ich

bin am Boden
zerstört. Morgen

kaufe ich
eine Zigarre und

lasse meinen Traum
in Rauch aufsteigen.

Im Taxi

Der Fahrer
wird das Gastrecht
achten und mich

am gewünschten Ort
wohlbehalten
aussteigen lassen.

Vertrauen ist
das Gegenteil
von Sicherheiten.

Bedingungslos.
Verwandt mit
dem Glauben,

agiert es
still
schweigend.

ODYSSEUS BEI DEN SIRENEN

Er bestand darauf
ihre Gesänge zu hören.

Perimedes trug er auf,
ihn nicht vom Mast
loszubinden.

Die Crew stopfte sich
Wachs in die Ohren.

Nur noch
vorwärts schauend
war es an ihr, im Takt zu rudern.

Die Männer gerieten
ans Ende ihrer Kräfte,
denn der Wind setzte aus.

Seine Wünsche waren
gefährlich.

Keiner kehrte heim
mit seinem König.

DIE ZAUBERIN

Sie ist nicht böse,
nur einsam.

Wer bei ihr anklopft,
den erlöst sie vom
aufrechten Gang.

Odysseus,
deine Gefährten hatten
Schwein gehabt: Das Eicheln
schmatzen währte nicht lang.

Länger aber als
ihre Freude Mensch
zu sein.

Eurylochos an Odysseus

Nun verlierst du dein
letztes Schiff und ich
verliere das Leben.

Verzeih mir, Schwager,
dass ich deine Pläne
durchkreuze.

Ich habe sie überredet
nicht länger Hunger zu leiden,
des Helios Rinder vor Augen.

Nun
ersaufen wir,
vollgefressen.

Du, an deine Planke
geklammert, darfst
weiter leben.

Allein, mit den Wellen.

Der Stachel der Erinnerung

Ausgerechnet auf der Insel,
wo ihn das Meer in die
Hände einer Göttin spülte,
an ihre Seite, in
ihr Bett. Die

ihm jetzt die Unsterblichkeit
schenken möchte, ewige
Jugend gar.

Ausgerechnet jetzt
sticht ihn die
Erinnerung an
Frau und Kind, die er,
wie seinen schmucklosen Ziegenfelsen,
schon vor Jahrzehnten verlassen hatte.

Dabei weiß er nicht einmal, ob sie
ihn noch wiederhaben möchten.

KLAGE EINER GÖTTIN

Ohne mich
wäre er als fauliges
Strandgut verendet.
Ich
habe seine schwammige Haut
von Krebsen und Algen
befreit,
gesalbt die geschundenen Glieder.
Doch der Mann
sieht jeden Tag aufs Meer hinaus.
Und weint.
Der Städtezerstörer
ist am Boden zerstört.
In meinen Armen
ist seine Irrfahrt
zum Stillstand gekommen.
Mir fehlt,
was die Sterblichen anstachelt,
sie unruhig macht.
Wenn uns Aphrodites Gürtel peitscht,
murmelt er schmutzige Worte.
Er sagt, er müsse das,
damit er sein Glück ertrage.
Ich war froh
ihn bei mir zu haben,
wollte ihn für immer behalten.

Doch die Bagage im Olymp
sah das anders.
Ihr Neid ist erbärmlich.
Aber ich muss mich fügen,
auch wenn ich eine Unsterbliche bin.

Für Jakob zur Einschulung

Als mein Vater in die Schule kam
wurden die Fremdwörter eingedeutscht.
An die Stelle der Schriftsteller
traten germanische Helden.

Seine Textaufgaben klangen so:
»Ein Irrenhaus kostet 10 000 Reichsmark.
Wie viele deutsche Familien könnten
von dem Geld eine Wohnung bekommen?«

Er rechnete aus
wie viele Bomben es braucht,
um das Zentrum von London
zu zerstören.

Als meine Mutter in die Schule kam
spielte Hitler
den lieben Onkel
und inszenierte Olympia.

Der andere Wolf legte sich den
Schafspelz erst gar nicht über.
In Moskau inszenierte er
die Schauprozesse.

Von den Männern, die Lenin
in seinem Testament erwähnte,
ist da nur noch Stalin
übrig.

DIE LOKOMOTIVEN DES FORTSCHRITTS

Die Lokomotiven zogen ihre Anhänger
durch das bessere Deutschland
in die bessere Zukunft.

Die Züge fuhren zum Wohle des Volkes.
Jeder Bahnhof begrüßte die neue,
gerechte Ordnung.

Am Ende,
und das Ende war schnell,
wurden die Lokomotiven des Fortschritts
stillgelegt, verkauft, verschrottet.

Wie die Modelleisenbahn meines Vaters.

FEUER UND WASSER

Eine D XI,
die Lokalbahnlokomotive
vor unserem Hauptbahnhof.

Die Dampfschwaden sind sichtbar,
auch die Kolben und die Gestänge,
über denen der Dampf seine Kraft entfaltet.

Dampflokomotivführer waren
Tierbändiger beinahe. Ein Dampfross ließ sich
nur mit Gefühl von der Stelle bewegen.

Und wird nicht immer wieder berichtet
von Lokomotivführern, die sich in
ihre Liebste aus Eisen verlieben.

DER UMGEBAUTE BAHNHOF

Nicht zufällig hängt in Paris
Der Ursprung der Welt
im Museum, das einmal
ein Bahnhof war.

Für die Eisenbahn werden
Hallen aus Eisen und Glas
errichtet, die zu Recht
an Kathedralen erinnern.

Hetze und Zeitnot,
die uns nicht mehr
verlassen werden und der
unwiderstehliche Drang, den Raum

weiter schrumpfen zu lassen,
kündigen sich an
in ihrem Fauchen und Dampfen.

Der Stolz der Stadt

Das Riesending,
das zu jeder Jahreszeit
prächtig in den Himmel steht.

Das jeder
schon einmal
bestiegen hat,

zu Fuß,
per Aufzug,
in seinen Gedanken.

Der berühmteste
Eisenfachwerkturm
aller Zeiten, der nichts

weiter zu bieten hat,
als einen Ausblick auf das
steinerne Netz der Stadt.

Und seinen Stolz.
Seinen zehntausend
Tonnen schweren Stolz.

IV.

NIEMALS
AUFS OFFENE MEER

DIE GUTE NACHRICHT

Bald haben wir
freie Fahrt.
Kein Eisberg

kann dann eine
Unsinkbare noch
aufhalten.

HINTER DEM VORHANG

Fortan stehen
zwei Wahrheiten auf der Bühne.
Das Publikum soll wählen.
Nur eins darf sich nicht ändern:
Seinen Spaß soll es weiter haben.

Es gilt den Schmerz
von den Worten fern zu halten.
Sich eine Schlagfertigkeit
im Ausdruck anzueignen
und eine Eleganz im Umgang
mit Gemeinheiten.

FREUNDLICHER HINWEIS

Schreiben Sie ruhig,
was Sie wollen.

Nur passen Sie auf,
wem Sie Ihre Fragen stellen.

Wir mischen nicht nur Zement.
Wir mischen mit.

Überall. Wir
haben einen langen Arm.

Manche behaupten sogar:
nicht nur einen.

FEINDE

Ratten und Flöhe
können wir nicht besiegen.
Wir vegetieren in der Gesellschaft
von Blutsaugern.

Selbst wenn wir einmal nicht
für König und Vaterland
im Dreck liegen, überfällt uns
Ungeziefer, fügen uns Schädlinge
Schmerzen zu, schwächen uns
Parasiten.

Tag und Nacht müssen wir uns
dem Geschmeiß erwehren,
das uns in die Knie zwingen will,
wie der Feind im Schützengraben
gegenüber.

MONTAG, 13.02.23

Wo stehen die Bayern?
Wo steht Ingolstadt?
In der 3. Liga?
Wo stehen die Russen
in der Ukraine?

Putins Privatarmee
steht vor Bachmut.

DER SCHNITT OHNE NARKOSE

Das ist eine Sache
von Wochen.

Das sagten sie
in der Augustsonne liegend.

Schnee fällt.
Die Fronten erstarren.

Die Gräben werden länger
und tiefer.

Wie der Schnitt ins Fleisch
der Feinde.

Und in das eigene.

DAS SCHWEIGEN IN DER LEITUNG

Heilung, sagt er, ist
ausgeschlossen.

In der Entfernung zwischen uns
wächst das Schweigen.

Raum fordernd.

Helios Klinikum Bad Saarow

Endlich hinter der Elbe.
Bruder, der Weg zu dir ist lang.

Zur Belohnung erwischen wir
einen guten Tag und
können uns unterhalten.

Am Galgen hängen große und kleine Beutel.
Was da in dich hineintropft,
hilft dir deine Schmerzen zu ertragen.

Deine Frau sitzt auf dem Nachbarbett.
Sie kann darin übernachten.
Das Zimmer ist groß und hell,
die Schwestern zuvorkommend,
die Klinik die beste.

Noch bist du hier. Der Rest vom Schützenfest.
Kein verbales Schulterklopfen. Wir reden nicht
vom Krieg in deinen Eingeweiden, nicht von
der verbrannten Erde hinter deinen Augen.

Du taust auf, aber du öffnest nicht eine Schleuse.
Du gehst langsam zugrunde,
diszipliniert
und vorbildlich.

In die Sterne geschaut

Wieder aufgewacht.
Übellaunig am Fenster gestanden.
In die Sterne geschaut.

Dabei kalt geworden.
Ins Bett gekrochen.
An die Sterne gedacht.

Dass ich ihre Muster nicht erkenne.
Im Sternenmeer ertrinken würde.
Niemals aufs

offene Meer hinaus segeln könnte.
Immer in Berührung
mit dem Ufer bleiben müsste.
Darüber eingeschlafen.

Im gläsernen Sarg

Wo ich das Brot nicht wert war,
das sie mir gaben.

Meine Rationen so groß waren,
wie meine Arbeitsleistung.

Wo keiner hungern musste,
ohne zu frieren.

Ich den Mund hielt,
meinen Zähnen zuliebe.

Meine ersten Zeilen schrieb,
unter misstrauischen Blicken.

Die Gedichte bei mir trug
wie meinen Löffel.

Wo ich die Hoffnung begrub,
in die Freiheit entlassen zu werden.

Junges Glück

Neben ihr
fühlst du dich stark,
fast schon unschlagbar.

Doch dann
geht sie mit
deinem Freund.

Nach der Schockstarre
liegst du wach und
im Streit mit dir.

Aber das Hämatom
blüht nicht auf.

Als wir wieder
mit dir
reden können,

hat sich dein
lichtdurchlässiger Panzer
in eine dunkle Rüstung verwandelt.

FÜHRERSCHEIN

Die Mutter hat neun Kinder.
Vier Söhne und fünf Töchter.

Ihre Älteste hat drei Kinder.
Die anderen, bis auf eine,
zwei.

Alle, außer der Ältesten, haben
einen Führerschein.
Und die Mutter.
Sie hat auch keinen.

FAHRSCHULE

Alle Zeichen beachtet
und durchgefallen.

Vor prüfenden Augen,
die wie ich in
die Fragebogen schauten.

Nichts passiert.
Nur das Lachen
hat was abbekommen.

Was Flügel hat,
verkroch sich
ins Jammertal.

EINS FÜR SEINE MASCHINE

Er verliert Frau,
Haus und Kind.

An einen
anderen.

Gestern besuchte er uns
auf der Weiterfahrt.

So ein Motorrad ist doch
ein verlässlicher Spaß.

INHALT

I.
SEGELN IM HIMMEL

II.
EINEN GANZEN LANGEN WINTER

III.

ALLEIN MIT DEN WELLEN

IV.
NIEMALS AUFS OFFENE MEER

POESIE 21

ediert von Anton G. Leitner
im Verlag Steinmeier

Renate Schön
NOCH BIN ICH NICHT ANGEKOMMEN.
GEDICHTE
80 S., 2021, Band 105

Till Rodheudt
SUB SPECIE AETERNITATIS. GEDICHTE
104 S., 2021, Band 106

Sulamith Sommerfeld
NUR EIN ANFLUG VON STERBLICHKEIT.
GEDICHTE
90 S., 2021, Band 107

Renate Schön
FARBEN FINDEN IHRE ZEIT. GEDICHTE
84 S., 2022, Band 108

Andreas Wieland-Freund
ALS DIE UHREN
DEN GLEICHSCHRITT AUFNAHMEN.
GEDICHTE
74 S., 2022, Band 109

Matthias Gysel
LAUB UND HAUT.
HAIKU UND GEDICHTE
68 S., 2022, Band 110

Till Rodheudt
KUNST · LICHT · ZONEN.
GEDICHTE
122 S., 2022, Band 111

Anja Ross
FISCHKIND.
GESAMMELTE GEDICHTE
128 S., 2023, Band 112

Wolf-Dieter Grengel
AM UFER DES HIMMELS.
GEDICHTE
120 S., 2023, Band 113

Eline Menke
DIE LUFT TRÄGT BLAU.
GEDICHTE
92 S., 2023, Band 114

Till Rodheudt
ZEIT · GELÄNDE · FUTURA.
GEDICHTE
132 S., 2023, Band 115

Sabine Fisch
OBEN AUF DEM BALKON.
GEDICHTE
96 S., 2023, Band 116

www.Poesie21.de